Impressum
Verlag: BABADADA GmbH, Nedderfeld 112 , 22529 Hamburg
Geschäftsführer / Verlagsleitung: Harald Hof
Druck: Books on Demand GmbH, In de Tarpen 42, 22848 Norderstedt

Imprint
Publisher: BABADADA GmbH, Nedderfeld 112 , 22529 Hamburg, Germany
Managing Director / Publishing direction: Harald Hof
Print: Books on Demand GmbH, In de Tarpen 42, 22848 Norderstedt, Germany

المدرسة

ቤት-ትምህርቲ

القسم
ክፍሊ ክላስ
يقسم
መቀለ
186/2
اللوح
ሰሌዳ
المعلم
መምህር
ورقة
ወረቐት
يكتب
القلم
መጽሓፊ
طاولة المكتب
ጣውላ ምጽሓፍ
المسطرة
መስመር
الكتاب
መጽሓፍ
التلميذ
ተመሃራይ

الحقيبة المدرسية
....
ሳንጣ ትምህርቲ

المقلمة
....
ሰፈር ብርዒ

قلم الرصاص
....
ርሳስ

البرّاية
....
መብልሒ ርሳስ

الممحاة
....
መደምሰሲ

دفتر الرسم
....
ጥራዝ ስእሊ

الرسمة

ስእሊ

الفرشاة

ብርዒ ቀለም

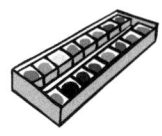

علبة التلوين

ቦክስ ቀለም

المقص

መቐስ

المادة اللاصقة

መጣበቒ

دفتر التمارين

ጥራዝ መላመዲ

الواجب المدرسي

ዕዮ ገዛ

الرقم

ቁጽሪ

يجمع

ወሰኸ

يطرح

ጎደለ

يضرب

ረብሐ

يحسب

ደመረ

الحرف

ፊደል

الأبجدية

ስርዓት ፊደላት

hello

كلمة

ቃል

النص

....

ጽሑፍ

يقرأ

....

ኣንበበ

الطبشور

....

ኲርሽ

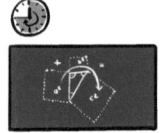

الحصة

....

ሰዓት

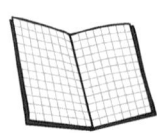

دفتر الدوام المدرسي

....

መዝገብ ክላስ

الامتحان

....

መርመራ

شهادة

....

ሰርቲፊኬት

اللباس المدرسي

....

ድቢዛ ቤትትምህርቲ

التعليم

....

ትምህርቲ

الموسوعة

....

ለክሲኮን

الجامعة

....

ዩኒቨርሲቲ

المِجهر

....

ሚክሮስኮፕ

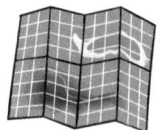

الخريطة

....

ካርታ

قماما

....

ጎሓፍ ወረቐት

መገሻ

فندق
Grand
بيت الشباب
ሆስተል
ROOMS
EXCHANGE
مكتب صرافة
ቦታ ቅያር ገንዘብ
حقيبة
ባሊጃ
سيارة
መኪና

اللغة

ቋንቋ

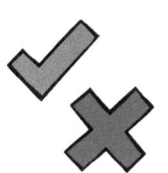

نعم / لا

እወ / ኖ

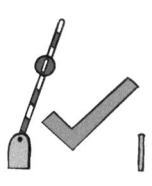

حسناً

ሕራይ

مرحباً

ሰላም

مترجم

ኣስተርጓሚ

شكراً

የቐንየለይ

كم ثمن ... ؟

. . . ክንደይ ዋግኡ?

لا أفهم

ኣይተረድኣኹን

مشكلة

ሽግር

مساء الخير

ሰላም ምሸት!

صباح الخير!

ከመይ ሓዲርካ

ليلة سعيدة

ሰላም ለይቲ

إلى اللقاء

ደሓን ኩን

اتجاه

ኣንፈት

أمتعة السفر

ጕዓዝ

حقيبة

ሳንጣ

حقيبة ظهر

ሳንጣ ሕቖ

ضيف

ጋሻ

غرفة

ክፍሊ

كيس للنوم

ክሻ መደቀሲ

خيمة

ቴንዳ

استعلامات سياحية

....

ሓበሬታ በጻሕቲ ሃገር

شاطئ

....

ገምገም ባሕሪ

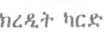

بطاقة ائتمان

....

ክረዲት ካርድ

إفطار

....

ቁርሲ

طعام الغداء

....

ምሳሕ

العشاء

....

ድራር

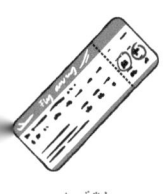

بطاقة سفر

....

ቲከት

مصعد

....

ሊፍት

طابع بريدي

....

ማሕተም ደብዳበ

حدود

....

ዶብ

الجمارك

....

ድጓና

سفارة

....

ኣምበሲ

تأشيرة

....

ቪዛ

جواز سفر

....

ፓስፖርት

طائرة
ነፋሪት
سفينة
መርከብ
سيارة إطفاء
መኪና መጥፋኢ
ሓዊ
حافلة
سيارة شاحنة
ናይ ጽዕነት መኪና
زورق آلي
ጀልባ ሞቶር
درّاجة
ብሽግለታ
سيارة
መኪና

عبارة

ፈሪ

قارب

ጀልባ

دراجة نارية

ሞቶ

سيارة شرطة

መኪና ፖሊስ

سيارة سباق

መኪና ቅድድም

سيارة مستأجرة

ክራይ መኪና

أسلوب تشاركي في استئجار الس

....

ምውፋይ መካይን

سيارة للجر

....

መወሰዲ መኪና

سيارة نقل القمامة

....

መኪና ጎሓፍ

محرك

....

ሞቶር

وقود

....

ነዳዲ

محطة وقود

....

እንዳ ነዳዲ

إشارة مرور

....

ምልክት ትራፊክ

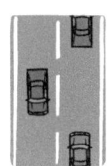

حركة السير

....

ትራፊክ

ازدحام سير

....

ምጭቕጫቕ ትራፊክ

موقف سيارات

....

መዕሸጊ መኪና

محطة قطار

....

መዕረፊ ባቡር

سكك حديدية

....

ሓዲግ

قطار

....

ባቡር

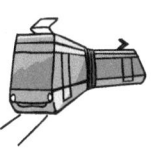

ترام

....

ትረም

عربة قطار

....

ባጎኒ

طائرة مروحية

....

ሄሊኮፕተር

مطار

....

መዓረፊ ነፈርቲ

برج

....

ታወር

مسافر

....

ተጐዓዚ

حاوية

....

ኮንተይነር

علبة كرتون

....

ሳንዱቕ ካርቶን

عربة يد

....

ኮርሳ ጽዕነት

سلة

....

ዘንቢል

يقلع / يهبط

....

ተበገሰ / ዓለበ

مدينة

ከተማ

قرية

....

ቍሸት

مركز المدينة

....

ማእከል ከተማ

بيت

....

ገዛ

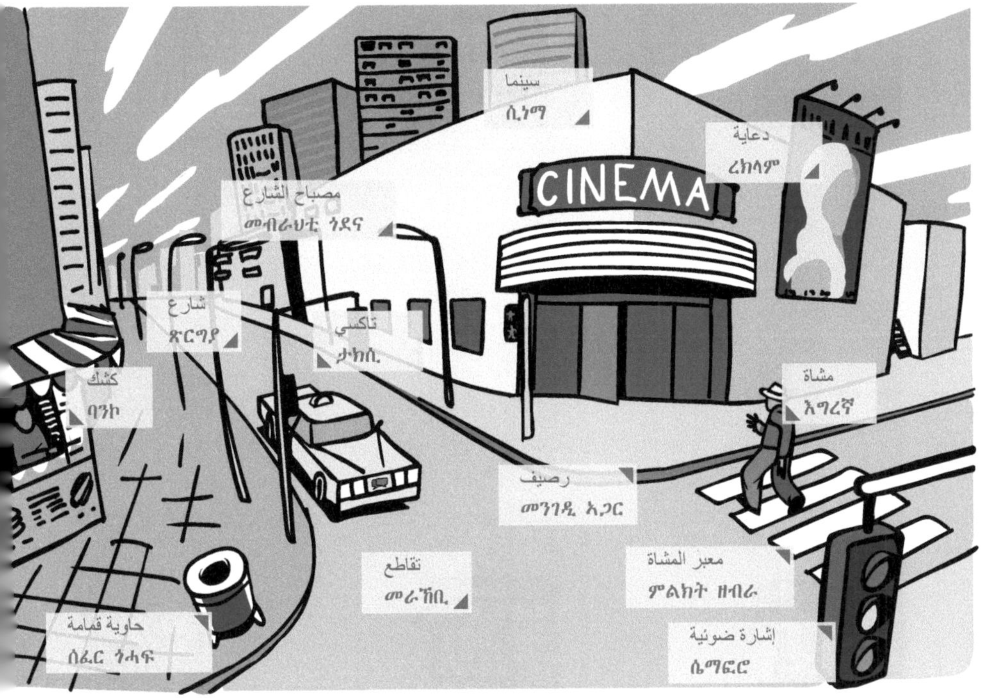

سينما
ሲነማ ▲

دعاية
ረክላም ▲

مصباح الشارع
መብራተ ጎደና ▲

شارع
ጽርግያ

تاكسي
ታክሲ

كشك
ባንኮ

مشاة
እግረኛ ▲

رصيف
መንገዲ እጋር

تقاطع
መራኸቢ ▲

معبر المشاة
ምልክት ዘብራ ▲

حاوية قمامة
ስፈር ጎሓፍ

إشارة ضوئية
ሴማፎር

كوخ
....
ኣጉዶ

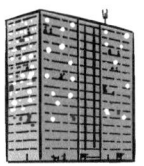

شقة
....
ኣፓርትመንት

محطة قطار
....
መዕረፊ ባቡር

دار البلدية
....
ቤት ምምሕዳር

متحف
....
ቤተ መዘክር

المدرسة
....
ቤት-ትምህርቲ

الجامعة
....
ዩኒቨርሲቲ

مصرف
....
ባንክ

المستشفى
....
ሆስፒታል

فندق
....
መቐበሊ ኣጋይሽ

صيدلية
....
ቤት መድሃኒት

مكتب
....
ቤት ጽሕፈት

مكتبة
....
ዱኳን መጽሓፍቲ

متجر
....
ዱኳን

محل لبيع الزهور
....
ዱኳን ዕንባባ

سوبرماركت
....
ሱፐርማርኬት

سوق
....
ዕዳጋ

متجر كبير
....
ሹቕ

تاجر السمك
....
ነጋዳይ ዓሳ

مركز تسوّق
....
ሹቕ

ميناء
....
መርሳ

حديقة عامة

....

መዘናግዒ

مقعد

....

ባንኪ

جسر

....

ድልድል

درج، سلم

....

መደያይቦ

مترو

....

ባቡር ትሕቲ ምድሪ

نفق

....

ቢንቶ

موقف حافلات

....

መዕረፊ አውቶቡስ

بار

....

ቤት መስተ

مطعم

....

ቤት-መግቢ

صندوق البريد

....

ሰታሪት

لافتة باسم الشارع

....

ታቤላ

مقياس زمن الوقوف

....

ሰዓት ፓርኪንግ

حديقة حيوانات

....

መካነ እንስሳታት

مسبح

....

መሓምበሲ

مسجد

....

መስጊድ

مزرعة
....
ቤት ሕርሻ

تلوث البيئة
....
ብክላ

مقبرة
....
መቃበር

كنيسة
....
ቤተክርስትያን

ملعب الأطفال
....
ቦታ ምጽዋት

معبد
....
ቤት መቅደስ

طبيعة ريفية

ስእሊ መሬት

ورقة
ኣቝጽልቲ

علامة إرشاد
መሕበሪ መገዲ

طريق
መገዲ

مرج
ሸኻ

حجر
እምኒ

شجرة
ኣግራብ

رحالة
ኮብላሊ

نهر
ፈለግ

عشب
ሰዓሪ

زهرة
ዕንባባ

واد

ስንጭሮ

جبل

ጎቦ

بحيرة

ቀላይ

غابة

ዱር

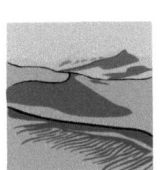

صحراء

ምድረ በዳ

بركان

እሳተ-ጎመራ

قلعة

ግምቢ

قوس قزح

ቀስተ-ደመና

فطر

ቃንጥሻ

نخلة

ዓርኮብኮባይ

بعوض

ጣንጡ

ذبّانة

ሃመማ

نملة

ጻጸ

نحلة

ንህቢ

عنكبوت

ሳሬት

خنفساء

....

ሕንዚዝ

ضفدعة

....

ዕንቅርዖብ

سنجاب

....

ምጽጹላይ

قنفذ

....

ቅንፍዝ

أرنب

....

ማንቲለ

بومة

....

ጉንጓ

عصفور

....

ጭሩ

بجعة

....

ስዋን

خنزير برّي

....

መፍለስ

غزال

....

ዓጋዘን

إلكة

....

ሙስ

سد

....

ግድብ

دولاب الطاحونة الهوائية

....

ተርባይን ንፋስ

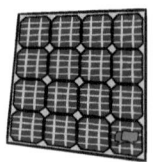

خلية شمسية

....

ሶላር ስርሓት

مناخ

....

ኩነታት ኣየር

مطعم

ቤት-መግቢ

نادل
ኣሰላፊ
لائحة الطعام
ካርታ መግብታት
كرسي
መንበር
حساء
መረቕ
بيتزا
ፒትሳ
أدوات المائدة
غطاء المائدة
ክዳን ጣውላ

مقبلات

ቅድመ ቀንዲ መግቢ

الصحن الرئيسي

ቀንዲ መኣዲ

حلوى أو فاكهة بعد الطعام

ድሕረ መግቢ

مشروبات

መስተ

طعام

መግቢ

زجاجة

ጥርሙዝ

وجبات سريعة

....

ስሉጥ መግቢ

طعام الشارع

....

መግቢ ጽርግያ

إبريق الشاي

....

ብርጭቆ ሻሂ

علبة السكر

....

ታኒካ ሽኮር

حصّة

....

ክፋል

آلة الإسبريسو

....

ማሺን ኤስፕረሶ

كرسي عالٍ

....

ነዊሕ መንበር

فاتورة

....

ጸብጻብ

صينية

....

ታብለት

سكين

....

ካራ

شوكة

....

ፋርከታ

ملعقة

....

ማንካ

ملعقة الشاي

....

ማንካ ሻሂ

منديل المائدة

....

ሰርቬየተ

كأس

....

ብኬሪ

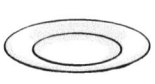

صحن

………………

ሸሓኒ

صحن الحساء

………………

ሸሓኒ መረቕ

صحن الفنجان

………………

ትሕቲ ኩባያ

صلصة

………………

ጸብሒ

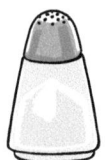

مملحة

………………

ወሃቢ ጨው

مطحنة الفلفل

………………

መጥሓን በርበረ

خلّ

………………

ኣቸቶ

زيت الطعام

………………

ዘይቲ

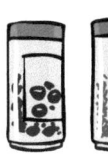

توابل

………………

ቀመም

كتشاب

………………

ከቹፕ

خردل

………………

ኣድሪ

مايونيز

………………

ማዩኒዝ

سوبرماركت

ሱፐርማርከት

عرض خاص
ወፈያ
FOR
زبون
ዓሚል
مشتقات الحليب
فواكه
ፍረታት
عربة تَسوّق
ሰረገላ ዱኳን

جزّار

እንዳ ስጋ

مخبز

እንዳ ባኒ

يزن

ክብደት

خضار

ኣሕምልቲ

لحم

ስጋ

المأكولات المجمّدة

መግቢ ፍሪጅ በረድ

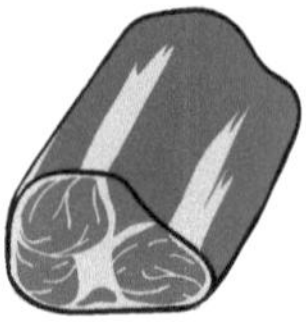

مرتدلا أو جبن
....
ዝሑል ቅሩብ መግቢ

معلّبات
....
እስቃጥላ

مسحوق الغسيل
....
ኦሞ

حلويات
....
ምቁር መግቢ

المواد المنزلية
....
ዘቤታውያን ኣቕሑ

منظّفات
....
ናውቲ መጸረዪ

بائعة
....
ሸቃጣይ

صندوق الحساب
....
ካሳ

أمين صندوق
....
ተሓዝ ገንዘብ

قائمة المشتريات
....
ዝርዝር ምግዛእ

أوقات العمل
....
ክፉት ሰዓታት

محفظة النقود
....
ማሕፉዳ

بطاقة ائتمان
....
ክረዲት ካርድ

حقيبة
....
ሳንጣ

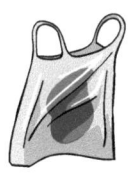

كيس بلاستيكي
....
ፌስታል

مشروبات

መስተ

ماء

ማይ

عصير

ጽማቝ

حليب

ጸባ

كولا

ኮላ

نبيذ

ነቢት

بيرة

ቢራ

كحول

ኣልኮል

كاكاو

ካካው

شاي

ሻሂ

قهوة

ቡን

قهوة إسبريسو

ኤስፕረሶ

كابوتشينو

ካፑቺኖ

موزة

ባናና

تفاح

ቱፋሕ

برتقال

ኣራንሺ

بطيخ

ብርጭቕ

ليمون

ለሚን

جزرة

ካሮት

ثوم

ጻዕዳ ሽጉርቲ

خيزران

ባምቡስ

بصل

ሽጉርቲ

فِطر

ቅንጥሻ

لوزيات

ፉል

شعيرية

ፓስታ

سباغيتي	أرزّ	سلطة
ስፓገቲ	ሩዝ	ሰላጣ

بطاطا مقلية	بطاطا مقلية	بيتزا
ቅልዋ ድንሽ	ቅሉዉ ድንሽ	ፒትሳ

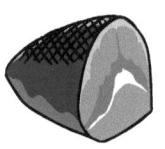		
هامبورغر	ساندويش	شريحة لحم مقلية
ሃምቡርገር	ፓኒኖ	ቢስተካ

لحم خنزير	سلامي	سجقّ
ሰለፍ ሓሰማ	ሳላሚ	ግዕዝም

دجاج	لحم محمر	سمك
ደርሆ	ቀለወ	ዓሳ

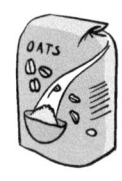

دقيق الشوفان

....

ገዓት

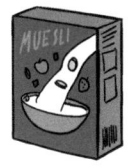

موسلي

....

ሙስሊ

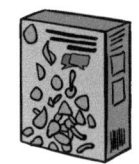

كورن فلكس

....

ኮርንፍለይክስ

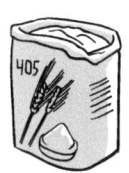

طحين

....

ሓርጭ

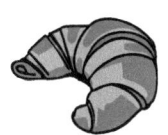

كرواسان

....

ክሮሶን

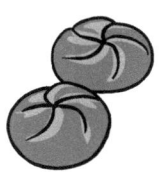

خبز صغير

....

ባኒ

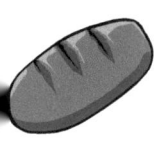

خبز

....

ባኒ

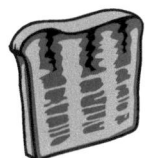

خبز محمص

....

ቶስት

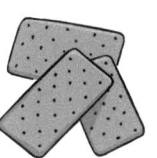

بسكويت

....

ብሽኮቲ

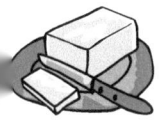

زبدة

....

ጠስሚ

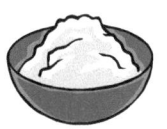

لبن زبادي

....

ርግኦ

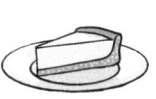

كعكة

....

ፓስተ

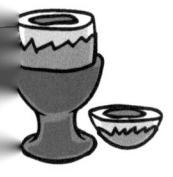

بيضة

....

እንቋቝሖ

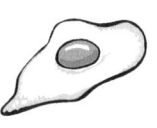

بيض مقلي

....

ቅሉው እንቋቝሖ

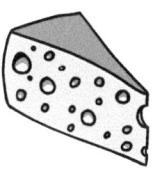

جبنة

....

ፋርማጆ

مثلجات
....
አይስ ክሪም

سكر
....
ሽኮር

عسل
....
መዓር

مربّى الفاكهة
....
ጃም

كريم النوغا
....
ኑጋት-ክሪም

الكاري
....
ኩሪ

مزرعة

ቤት ሕርሻ

مخزن غلال
መኽዘን
رزمة من التبن
ሓሰር ቦንዳ
حقل
ግራት
حصان
ፈረስ
مقطورة
ተስሓቢ
جرار
ትራክተር
مهر
ዒሉ
حمار
ኣድጊ
خروف
በጊዕ
خروف
ዕየት

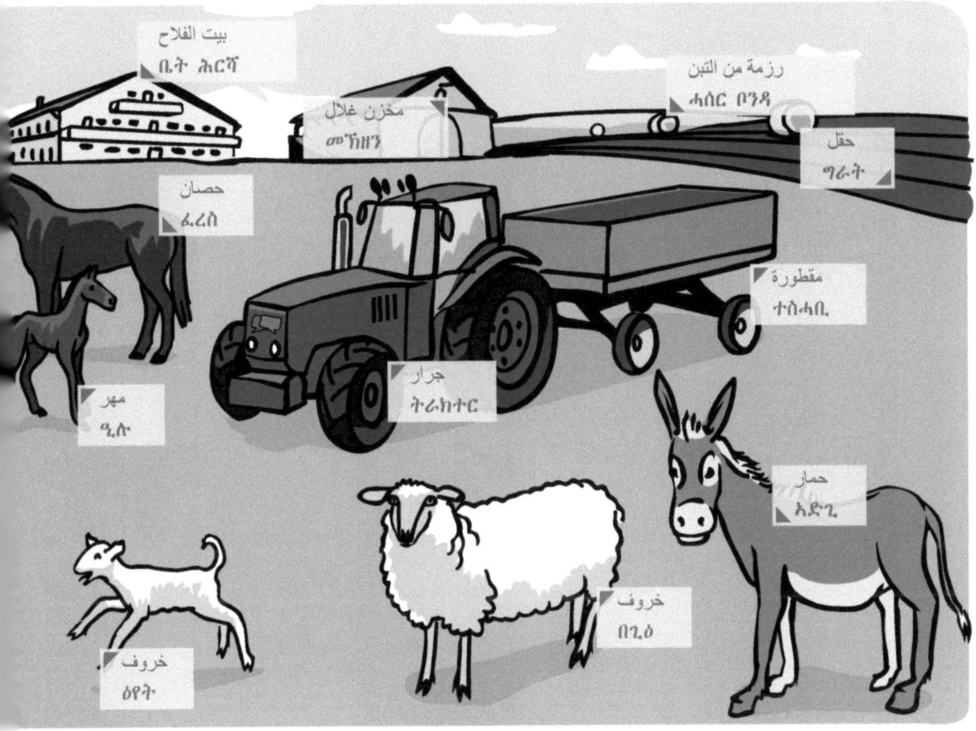

ماعز
....
ጤል

بقرة
....
ብዕራይ

عجل
....
ምራኽ

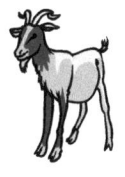

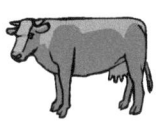

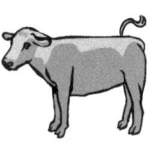

خنزير
....
ሓሰማ

خنزير صغير
....
ውላድ ሓሰማ

ثور
....
ኣርሓ

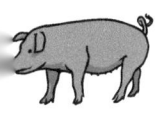

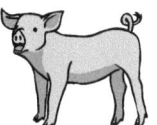

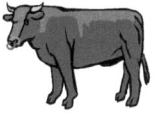

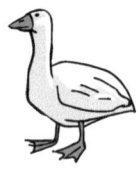

إوزّة

ዓዓ

بطة

ማይ ደርሆ

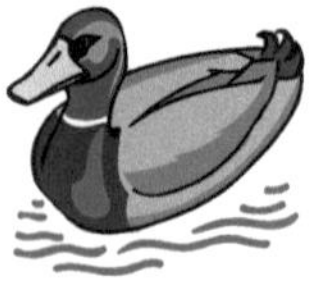

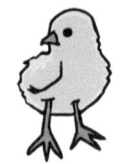

صوص

ጫቑት

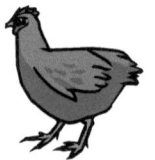

دجاجة

ደርሆ

ديك

ኣርሓ ደርሆ

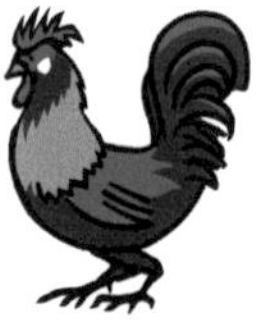

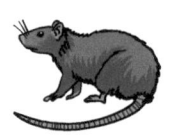

جرذ

ኣንጨዋ ዓባይ

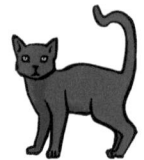

قطة

ድሙ

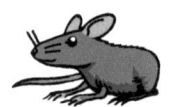

فأر

ኣንጭዋ

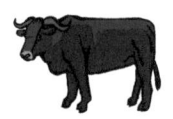

ثور

ብዕራይ

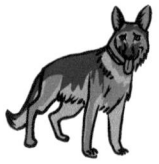

كلب

ከልቢ

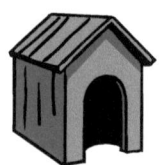

كوخ الكلب

ኣጉዶ ከልቢ

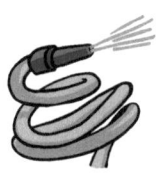

خرطوم الحديقة

ቱባ ጅርዲን

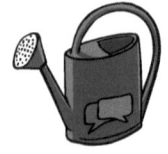

إبريق

መዝፈፊ ማይ

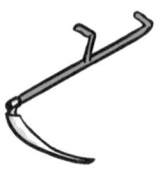

منجل

ዓቢ ማዕጺድ

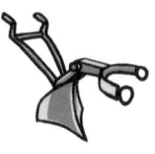

المحراث

ማሕረሻ

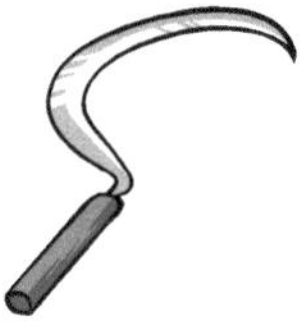

منجل

....

ማዕጺድ

معزقة

....

ጭኽሮ

مذراة الزبل

....

መስሓ

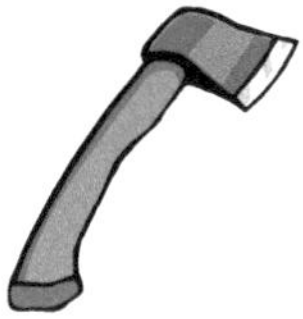

بلطة

....

ፋስ

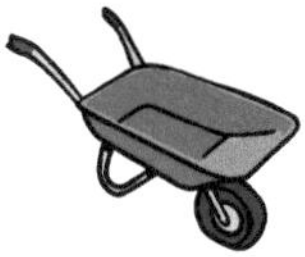

عربة يد

....

ዓረብያ ኢድ

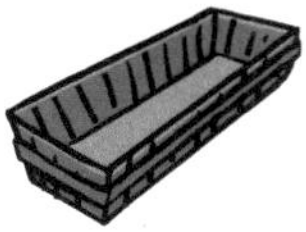

معلف

....

ጋብላ

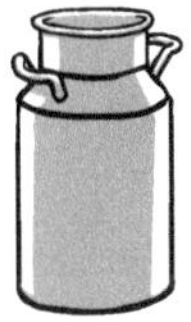

صفيحة الحليب

....

ብርጭቆ ጸባ

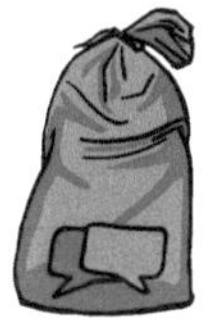

كيس

....

ክሻ

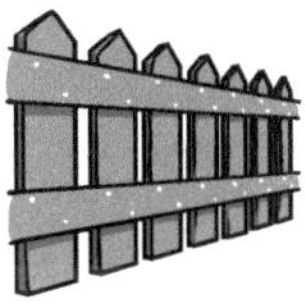

سياج

....

ሓጹር

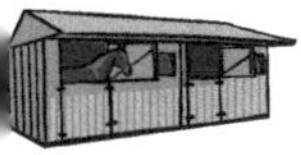

اصطبل

....

መጓሰስ

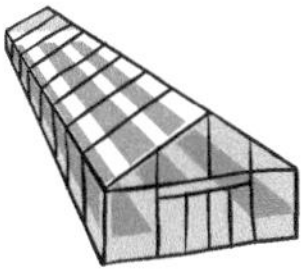

دفيئة

....

ቐጠልያ ገዛ

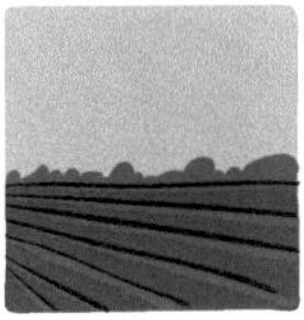

تربة

....

ባይታ

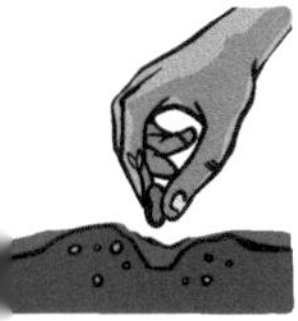

بذور

....

ዘርኢ

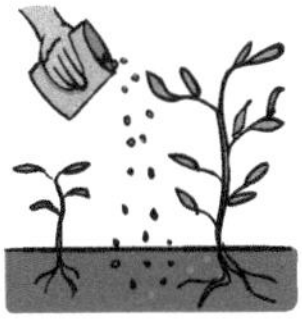

سماد

....

ድኹዒ

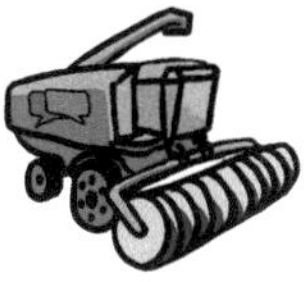

حصّادة درّاسة

....

ዘጣምር ቀውዓይ

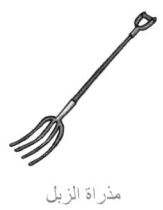

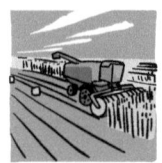

يحصد

ቀውዐ

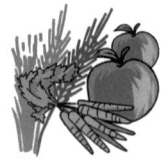

محصول

ጻማ

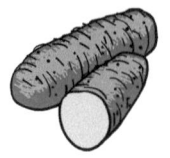

بطاطا يامس

ድንሽ ያም

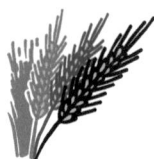

قمح

ስርናይ

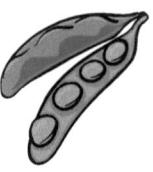

صويا

ሶያ

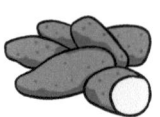

بطاطا

ድንሽ

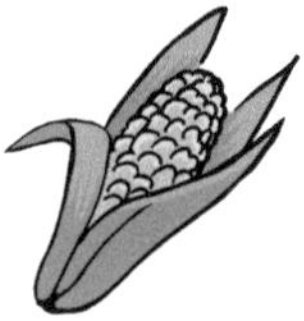

ذرة

ዕፉን

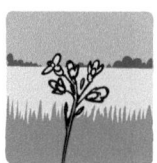

سلجم

ራፕስ

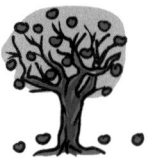

شجرة فاكهة

ገረብ ፍረታት

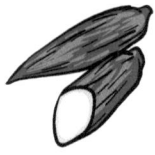

نبات منيهوت

ማኒኦክ

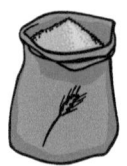

الحبوب

ኣእኻል

بيت

ገዛ

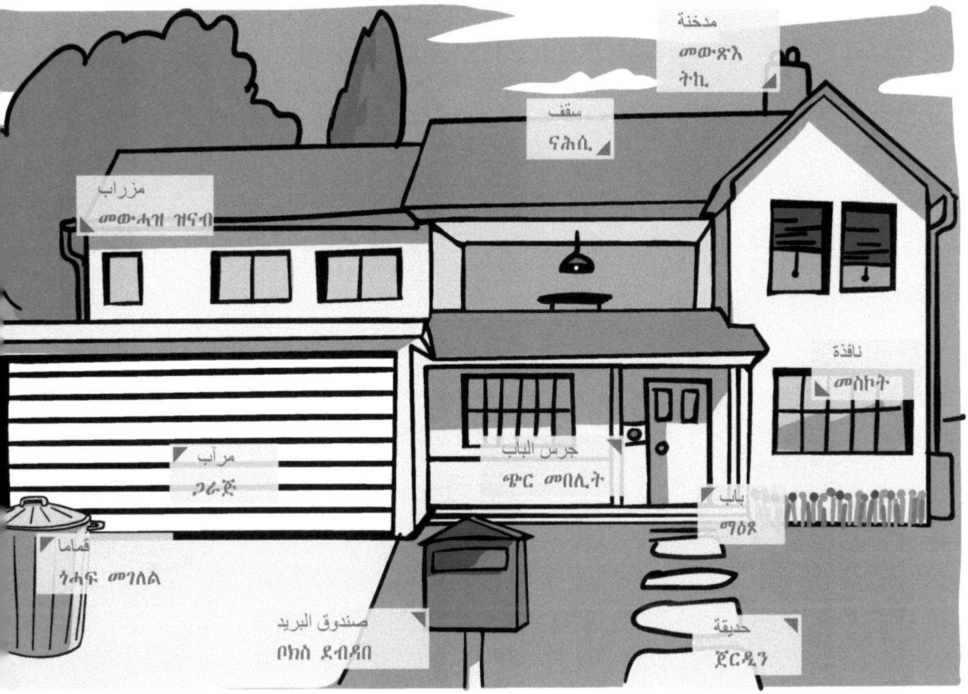
مدخنة
መውጽኢ ትኪ
سقف
ናሕሲ
مزراب
መውሓዝ ዝናብ
نافذة
መስኮት
مرآب
ጋራጅ
جرس الباب
ጭርሖ መበሊት
باب
ማዕጾ
قمامة
ጎሓፍ መገለሊ
صندوق البريد
ቦክስ ደብዳቤ
حديقة
ጀርዲን

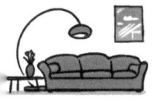

غرفة جلوس

ክፍሊ ምቕማጥ

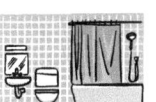

الحمّام

ክፍሊ ባንዮ

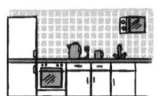

مطبخ

ክሽነ

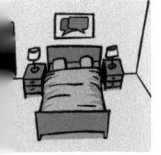

غرفة النوم

ክፍሊ መደቀሲ

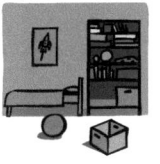

غرفة الأطفال

ክፍሊ ቆልዑ

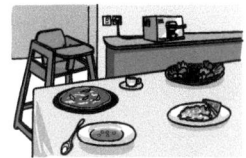

غرفة الطعام

መመገቢ ክፍሊ

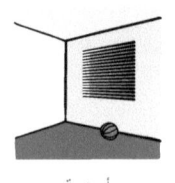

أرضية

ባይታ

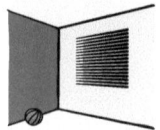

حائط

መንደቕ

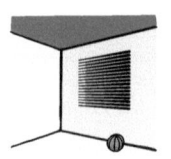

سقف

ከቦርታ

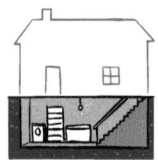

قبو

ካንቲና

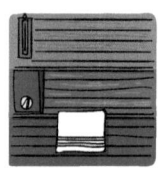

ساونا

ሳውና

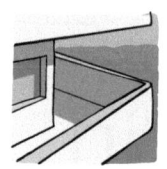

بلكون

ባልኮን

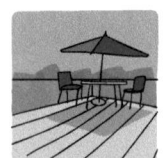

شرفة

ዛላ

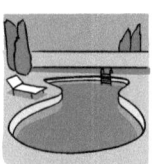

مسبح

መሕምበሲ

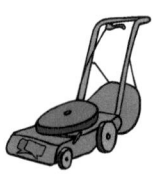

جزّازة العشب

መቑረጺ ሳዕሪ

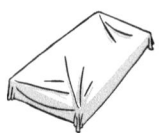

بياضات السرير

ኣንሶላ ዓራት

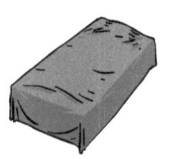

بطانية

ከቦርታ ዓራት

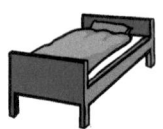

سرير

ዓራት

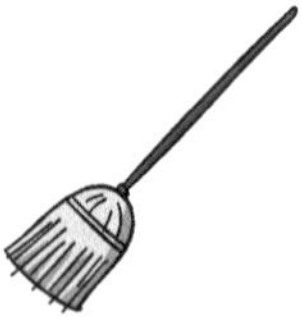

مكنسة

መኾስተር

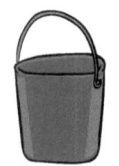

سطل

መገለል

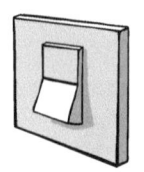

مفتاح كهربائي

መወልዒት

غرفة جلوس

ክፍሊ ምቕማጥ

ورق جدران
ወረቐት
መንደቕ
صورة
ስእሊ
مصباح كهربائي
ላምፓ
رف
ከብሒ
خزانة
ከብሒ
تلفزيون
ተለቪዥን
موقد مفتوح
መውጽኢ ትኪ ኣብ
زهرة
ዕንባባ
وسادة
መተርኣስ
كنبة
مزهرية
ባዞ
تحكم عن بعد
ሪሞት

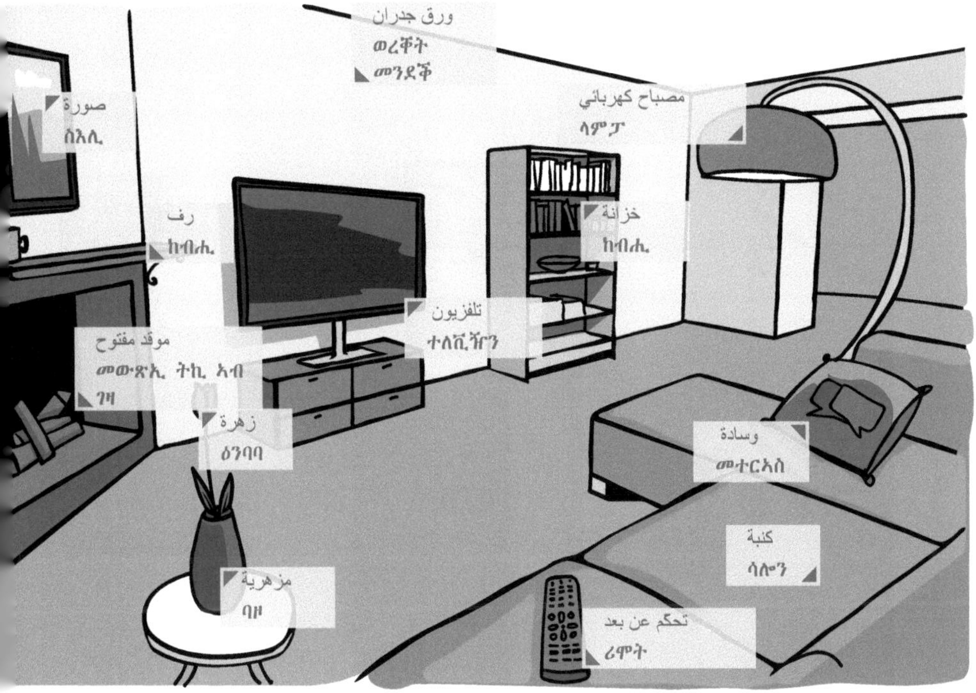

بصاط

....

መንጸፍ

ستارة

....

መጋረጃ

طاولة

....

ጣውላ

كرسي

....

መንበር

كرسي هزّاز

....

ሰለል ዝብል መንበር

كرسي ذو ذراعين

....

መንበር ምቹእ

الكتاب

....

መጽሓፍ

بطانية

....

ከቦርታ

زخرفة

....

ስልማት

الحطب

....

እንጨይቲ ሓዊ

فيلم

....

ፊልም

تجهيزات ستيريو

....

ስተረዮ

مفتاح

....

መፍትሕ

جريدة

....

ጋዜጣ

لوحة مرسومة

....

ቕብኣ

مُلصق

....

ፖስተር

راديو

....

ረድዮ

دفتر ملاحظات

....

ጥራዝ

المكنسة الكهربائية

....

መልገሲ ደሮና

صبّار

....

በለስ

شمعة

....

ሽምዓ

مطبخ

ክሽነ

براد
መዝሓሊ
ميكروويف
ميزان المطبخ
ሚዛን ክሽነ
محمصة الخبز
ቶስተር
منظفات
መጽረዪ
ሓሊ በረድ
فرن
እቶን
قماما
ጎሓፍ መገለሊ
جلاية
መግቢ

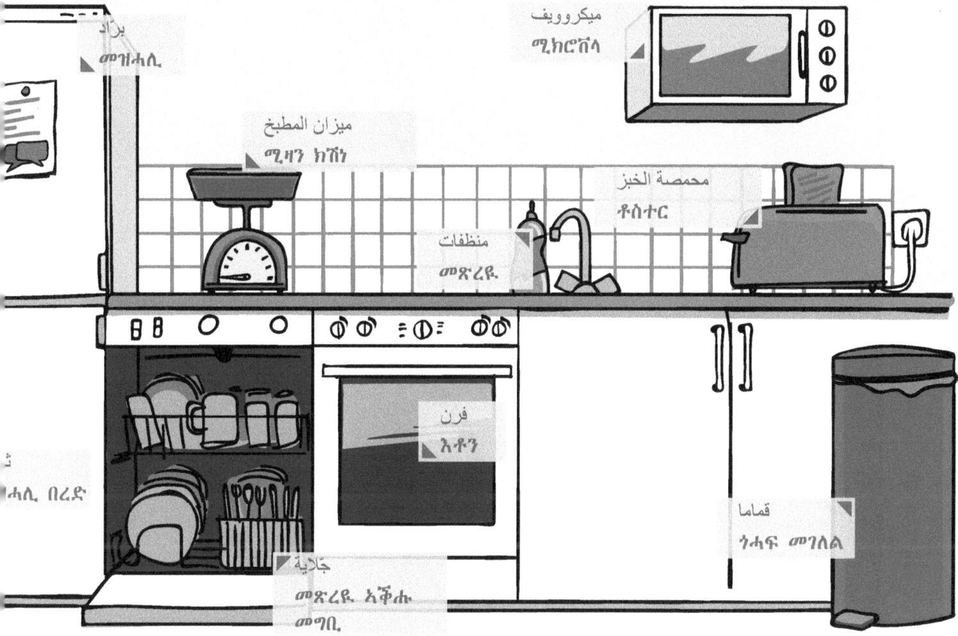

موقد
....
መኽሸኒ

قِدر
....
ድስቲ

وعاء من الحديد
....
ድስቲ ሓጺን

قدر صيني
....
ቮክ/ካዳይ

مقلاة
....
ባደላ

غلاية
....
መውዓዪ ማይ

قدر البخار

....

መፍልሒ

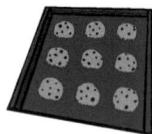

صينية

....

ጓንቴራ ምስንካት

أواني

....

ኣቕሑ መግቢ

فنجان

....

ብርጭቆ

صحن

....

ጭሑሎ

عيدان الأكل

....

ማንካቺና

مغرفة

....

ማንካ መረቕ

ملعقة منبسطة

....

መገልበጢ ባደላ

خفّاقة

....

መኾስተር ውርጪ

مصفاة

....

መንፊት መግቢ

مصفاة

....

መንፊት

مِبشرة

....

መፋሕፍሒ

هاون

....

ሞርታር

شواء

....

ባርቢክዩ

موقد

....

ስፍራ ሓዊ

لوح التقطيع

....

እንጨይቲ ምምታር

نشّابة

....

እንጨይቲ ኰረር

مفتاح الزجاجات

....

መኽፈት ቡሽ

علبة

....

ታኒካ

مفتاح العلب المعدنية

....

መኽፈቲ ታኒካ

قماش الفرن

....

ጨርቂ ድስቲ

مجلى

....

ቡምባ

فرشاة

....

ኣስባስላ

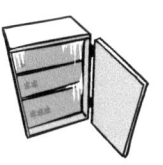

إسفنج

....

ሰፍነግ

خلاط

....

ሓዋሲ ኣደባላቒ

مجمّدة

....

መዝሓሊ በረድ

زجاجة الطفل

....

ጥርሙዝ ማማይ

صنبور الماء

....

ቡምባ ማይ

الحمّام

ክፍሊ ባንዮ

دوش
መሕጸቢ ሻወር
تدفئة
መውዓዪ
ستارة الدوش
ሻወር መጋረጃ
حمام رغوة
መሕጸቢ ዓፍራ
حوض الحمام
ባንዮ መሕጸቢ
كأس
ብኬሪ
غسّالة
ሓጻቢት
صنبور الماء
ቡምባ ማይ
بلاط
قفازات مطاطية
ድስቲ
مجلى
ቡምባ

حمام

ሽቓቕ

مرحاض القرفصاء

ሽቓቕ ኮፍ

حوض التشطيف

በዴ

مبولة

ሽቃቕ ተባዕታይ

ورق المرحاض

ወረቐት ሽቓቕ

فرشاة الحمام

ኣስባስላ ሽቓቕ

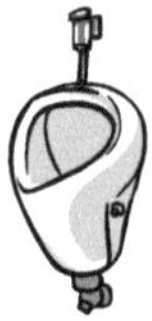

فرشاة الأسنان

ኣስባስላ ስኒ

معجون الأسنان

ክረማ ስኒ

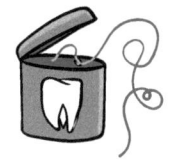

خيط حرير لتنظيف الأسنان

ሃሪ ስኒ

يغسل

ሓጸበ

رشاش ماء يدوي

ዱሽ ኢድ

شطاف

ዱሽ

حوض الغسيل

ብርጭቆ ምሕጻብ

فرشاة الظهر

ኣስባስላ ሕቖ

صابون

ሳምና

جيل الدوش

ሻወር ጀል

شامبو

ሻምፑ

ممسحة

ጨርቂ መሕጸቢ

مصرف للماء

መውሓዚ

مرهم

ክረማ

مزيل الروائح

ደዮ ጨና

مرآة

መስትያት

مرآة يد

ናይ ኢድ መስትያት

موس حلاقة

መላጸ

رغوة الحلاقة

ዓፍራ ምልጻይ

كولونيا

ጨና ድሕሪ ምልጻይ

مشط

መመሸጥ

فرشاة

ኣስባስላ

سشوار

መንቐጺ ጸጉሪ

مثبت للشعر

ስፕረይ ጸጉሪ

ماكياج

መመላኽዒ

روج

ብርዒ ቀለም ከንፈር

طلاء أظافر

ኣዝማልቶ

قطن

ጻምሪ ጡጥ

مقص أظافر

መስደዲ ጽፍሪ

عطر

ጨና

سلة الغسيل

....

ሳንጣ መሕጸቢ

مقعد صغير

....

ድኳ

ميزان

....

ሚዛን

معطف الحمام

....

ክዳን መሕጸቢ

قفازات مطاطية

....

ጓንቲ መጸረዪ

سدادة قطنية

....

ታምፖን

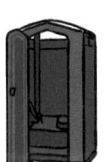

منشفة صحية

....

ጨርቂ ሰበይቲ

تواليت كيميائية

....

ሽቓቕ ከሚስትሪ

غرفة الأطفال

ክፍሊ ቆልዑ

منبه
ኣላርም መተስኢ
الحيوانات المحنطة
መጻወቲ እንስሳ
سيارة لعبة
መጻወቲ መኪና
خشخشة
بيت الدمى
ቤት ባምቡላ
هدية
ህያብ

بالون
....
ባላንችና

سرير
....
ዓራት

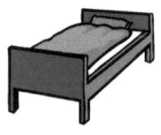

عربة الأطفال
....
ሰረገላ ህጻን

لعبة الورق
....
ጸወታ ካርታ

أحجية
....
ሕንቅሊተይ

رسوم هزلية
....
ኮሜዲ

أحجار الليغو
....
ምንታት መጻወቲ ለጎ

حجارة تركيب
....
መጻወቲ እምንታት

دمية بطل
....
በዓል አክቾን

لباس الطفل
....
ክዳን ማማይ

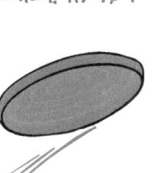

فريسبي
....
ፍሪስቢ

دمية معلّقة
....
ሞባይል ማማይ

لعبة الطاولة
....
ጸወታ ሰሌዳ

لعبة النرد
....
ኩቦ

لعبة قطار
....
ሞደል ባቡር ምድሪ

مصّاصة
....
ዓባስ

حفلة
....
ፓርቲ

كتاب مصوّر
....
መጽሓፍ ስእሊ

كرة
....
ኩዕሶ

دمية
....
ባምቡላ

يلعب
....
ተጻወተ

ملعب رملي للأطفال

መጻወቲ ሑጻ

أرجوحة

ሰላል

لعبة

መጻወቲታት

ألعاب فيديو

ኮንሶል ቪድዮ

دراجة ثلاثية

መጻወቲ ሰለስተ መንኮርኮር

دمية على شكل الدب

ተዲ

خزانة الثياب

ክብሒ ክዳን

ثياب

ክዳን

جوارب قصيرة

ካልስታት

جوارب طويلة

ነዊሕ ካልስታት

جورب بنطلون

ስረ ካልሲ

شال

شمسية

تي شيرت

حزام

حذاء شتوي

شبشب
ጫማ ገዛ

أحذية رياضية
ስኒከርስ

صندل
....
ሸበጥ

حذاء
....
ጫማ

جزمة كاوتشوك
....
ረፋዕ ጎማ

سروال داخلي
....
ሙታንታ

صدارة
....
ክዳን ጡብ

قميص داخلي
....
ትሕተ ካሚቻ

لباس ملاصق للجسم
....
ቦዲ

بنطلون
....
ስረ

جينز
....
ጂንስ

تنورة
....
ቀምሽ

بلوزة
....
ካምቻ

قميص
....
ካሚቻ

سترة قطنية
....
ጉልፎ

كنزة كم طويل
....
ጎልፎ

سترة فضفاضة
....
ጃኬት

سترة
....
ጃከት

معطف
....
ጁባ

معطف مطري
....
ክዳን ዝናብ

زي - طقم نسائي
....
ኮስቱም

ثوب
....
ቀምሽ

ثوب الزفاف
....
ቀምሽ መርዓ

طقم
....
ልብሲ

قميص نوم
....
ካሚቻ ለይቲ

بيجاما
....
ክዳን ለይቲ

ساري
....
ሳሪ

حجاب
....
መሃረብ ርእሲ

عمامة
....
ቱርባን

برقع
....
ቡርካ

قفطان
....
ካፍታን

عباءة
....
ኣባያ

مايوه
....
ክዳን መሕምበሲ

سروال سباحة
....
ስረ መሕምበሲ

شرت
....
ሓጺር ስረ

بدلة رياضية
....
ክዳን ታዕሊም

مئزر
....
በጃ ክዳን

قفازات
....
ጓንቲ

زر

....

መልጎም

نظّارة

....

መነጽር

إسوارة

....

በንናጅር

عقد

....

ማዕተብ

خاتم

....

ቀለበት

قرط

....

ኩትሻ

طاقيّة

....

ቆብዕ

علاقة ثياب

....

መንበሪ ጁባ

قبّعة

....

ባርነጣ

ربطة العنق

....

ካርራቫት

سحّاب

....

ሻርነጣ

خوذة

....

ሀልመት

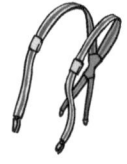

حمّالة البنطلون

....

መድልደል ስረ

اللباس المدرسي

....

ድቢዛ ቤትትምህርቲ

زي موحّد

....

ድቢዛ

مريلة الأطفال

ሰደርያ ቆልዓ

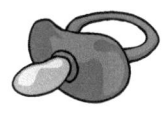

مصّاصة

ዓባስ

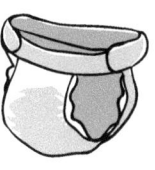

لفافة

ጨርቂ ማማይ

مكتب

ቤት ጽሕፈት

المخدّم
ሰርቨር
خزانة الملفات
ከብሒ ሰነድ
طابعة
ፕሪንተር
ورقة
ወረቐት
شاشة
ሞኒቶር
طاولة المكتب
فارة
ملف
لوحة المفاتيح
ኪቦርድ
قماما
ጎሓፍ ወረቐት
حاسوب
ኮምፒተር
كرسي
መንበር

كأس من القهوة

ብርጭቆ ቡን

الآلة الحاسبة

ካልኩለተር

الإنترنت

ኢንተርነት

الحاسوب المحمول

ለፕቶፕ

رسالة

ደብዳበ

خبر

መልእኽቲ

الهاتف المحمول

ሞባይል

شبكة

ነትወርክ/መርበብ

جهاز تصوير

መቕድሒ ፎቶኮፒ

البرمجيات

ሶፍትዌር

هاتف

ተለፎን

مقبس كهربائي

ሶከት ኳረንቲ

فاكس

ፋክስ

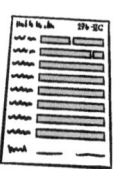

استمارة

ፎርም

وثيقة

ሰነድ

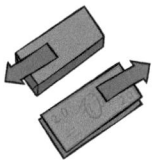

اقتصاد

ቍጠባ

يتاجر

....

ንግዲ

يدفع

....

ከፈለ

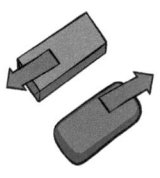

يشتري

....

ገዝአ

يورو

....

ኦይሮ

دولار

....

ዶላር

مال

....

ገንዘብ

فرنك سويسري

....

ስዊዝ ፍራንከን

روبل

....

ሩብል

ين

....

የን

صرّاف آلي

....

መውጽኢ ማሺን ገንዘብ

روبية

....

ሩፕየ

يوان

....

ረንሚንቢ ዩዋን

مكتب صرافة

ቦታ ቅያር ገንዘብ

ذهب

ወርቂ

فضة

ብሩር

نفط

ዘይቲ

طاقة

ሓይሊ

سعر

ዋጋ

عقد

ውዕል

ضريبة

ቀረጽ

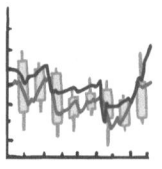

سهم

እኩብ ጥረ-ነገራት

يعمل

ሰርሐ

موظف

ሰራሕተኛ

رب العمل

ኣስራሒ

مصنع

ትካል

متجر

ዱኳን

المِهَن
ሞያታት

رجل إطفاء
መጠፊኢ ሓዊ
الشرطي
በዓል ፖሊስ
طبّاخ
الطبيب
ሓኪም
طيّار
መራሒ ነፋሪት

بستاني

ሰራሕተኛ ጀርዲን

نجّار

ጸራቢ ዕንጸይቲ

خيّاطة

ሰፋይት

قاض

ፈራዳይ

كيميائي

ቀማሚ

ممثل

ተዋሳኢ

سائق حافلة

....

መራሒ ኣውቶቡስ

سائق تاكسي

....

ኣውቲስታ ታክሲ

صياد سمك

....

ገፋፊ ዓሳ

أجيرة للتنظيف

....

ጸራጊት

بنّاء سقف

....

ሃናጻይ ናሕሲ

نادل

....

ኣሰላፊ

صيّاد

....

ሃዳናይ

رسّام

....

ሰኣላይ

خباز

....

እንዳ ሕብስቲ

كهربائي

....

ኤለትሪከኛ

عامل بناء

....

ሃናጺ ኣባይቲ

مهندس

....

ሃንዳሲ

لحّام

....

ሰራሕተኛ እንዳ ስጋ

سمكري

....

ድራብሊኮ

ساعي البريد

....

ኣማላላሲ ፖስጣ

جندي

....

ወተሃደር

مهندس معماري

....

መሃንድስ

أمين صندوق

....

ተሓዚ ገንዘብ

بائع الزهور

....

ሰራሕተኛ ዕምባባ

حلاق

....

ቀምቃማይ

مراقب القطار

....

ፈተሪኖ

ميكانيكي

....

መካኒክ

قبطان

....

መራሒ መርከብ

طبيب أسنان

....

ሓኪም ስኒ

رجل العلم

....

ተመራማሪ

حاخام

....

ራቢ

إمام

....

ኢማም

راهب

....

ፈላሲ

كاهن

....

ቀሺ

عدة عمل

ናውቲ

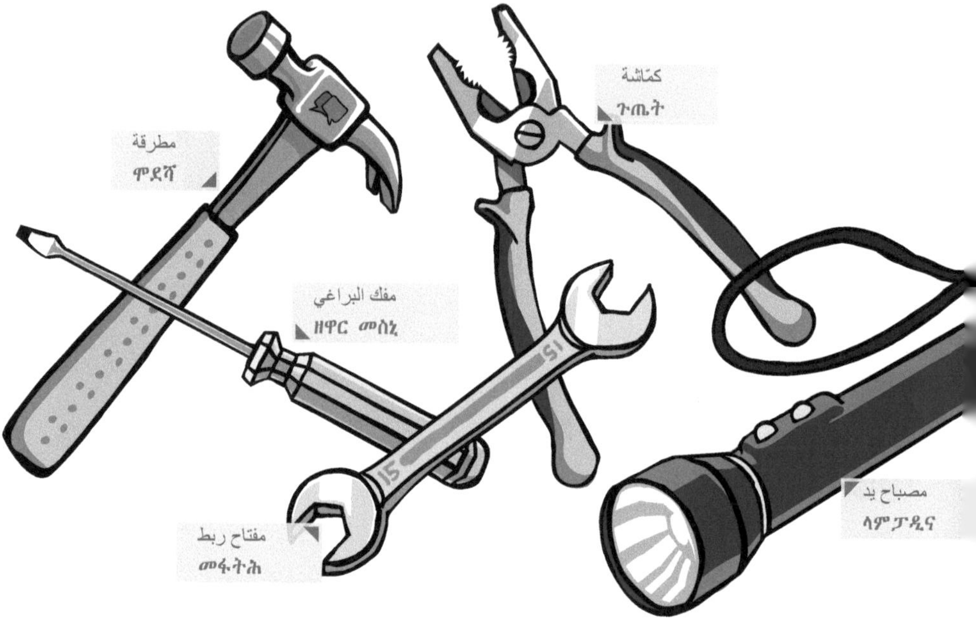

مطرقة
ሞደሻ
كماشة
ጉጠት
مفك البراغي
ዘዋር መስኒ
مفتاح ربط
መፋትሕ
مصباح يد
ላምፓዲና

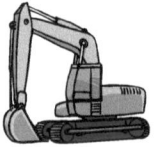

جرافة

ፊሓሪ

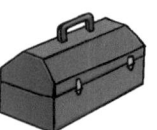

صندوق العدة

ናውቲ ቦክስ

سلم

መደያይቦ

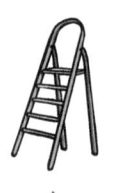

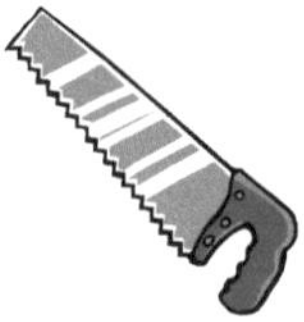

منشار

መጋዝ

مسامير

መስማር

مثقب

ኩዕቲ

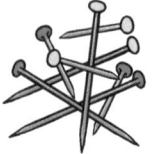

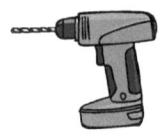

يصلح

ምዕራይ

مجرفة

ባደላ

اللعنة

አይ!

لقاطة الكناسة

መትሓዚ ዶርና

سطل الألوان

ድስቲ ቀለም

براغي

ካቾቢተ

آلات موسيقية

መሳርሒ ሙዚቃ

مكير الصوت
እስፒከር

آلات الإيقاع
ከበሮታት

غيتار
ጊታር

كمان أجهر
ረጒድ ባባይ
ጊታር

بوق
ትሮምፔት

بيانو

....

ፒያኖ

كمنجة

....

ቪዮሊን

جهير

....

ባስ ጊታር

طبل كبير

....

ቲምንኢ

طبل

....

ከቦሮ

بيانو كهربائي

....

ኦርጋን

ساكسوفون

....

ሳክሶፎን

ناي

....

ሻምብቆ

ميكروفون

....

ሚክሮፎን

حديقة حيوانات

መካነ እንስሳታት

مدخل
መእተዊ
نمر
قفص
حمار الوحش
ኣድጊ በረኻ
علف للحيوانات
መግቢ እንስሳ
دب باندا
ፓንዳ

حيوانات

እንስሳታት

فيل

ሓርማዝ

كنغر

ካንጋሩ

وحيد القرن

ሓሪሽ

غوريلا

ጉሪላ

دب

ድቢ

جمل

....

ገመል

نعامة

....

ሰገን

أسد

....

ኣንበሳ

قرد

....

ህበይ

طائر فلامينغو

....

ፍላሚንጎ

ببغاء

....

ሕንጻይ

دب قطبي

....

ድቢ በረድ

بطريق

....

ፐንጉን

سمك القرش

....

ከልቢ ዓሳ

طاووس

....

ጣውስ

أفعى

....

ተመን

تمساح

....

ሓርገጽ

حارس في حديقة الحيوان

....

ሓላዊ ቤት ገርድሽ

عجل البحر

....

ዓሳ ዚምገብ እንስሳ ባሕሪ

نمر أمريكي مرقط

....

ጃጓር

فرس قزم

....

ሓጺር ፈረስ

نمر

....

ነብሪ

فرس النهر

....

ጉማረ

زرافة

....

ጂራፍ

نسر

....

ሊላ

خنزير برّي

....

መፍለስ

سمك

....

ዓሳ

سلحفاة

....

ጎብየ

حيوان فظ البحري

....

ዋልሩስ

ثعلب

....

ወኻርያ

غزال

....

ሰስሓ

كرة القدم الأمريكية
ናይ ኣሜሪካ ኩዕሶ እግሪ
ركوب الدراجات
ምዝዋር ብሽግለታ
كرة التنس
ተኒስ
كرة السلة
ባስከትባል
السباحة
ምሕምባስ
هوكي الجليد
ሆኪ በረድ
الملاكمة
ቦክሲንግ

كرة القدم
....
ኩዕሶ እግሪ

الريشة الطائرة
....
ባድሚንቶን

ألعاب القوى الخفيفة
....
እስፖርታዊ ንጥፈታት

كرة اليد
....
ኩዕሶ ኢድ

التزلج على الثلج
....
ስኪ

بولو
....
ፖሎ

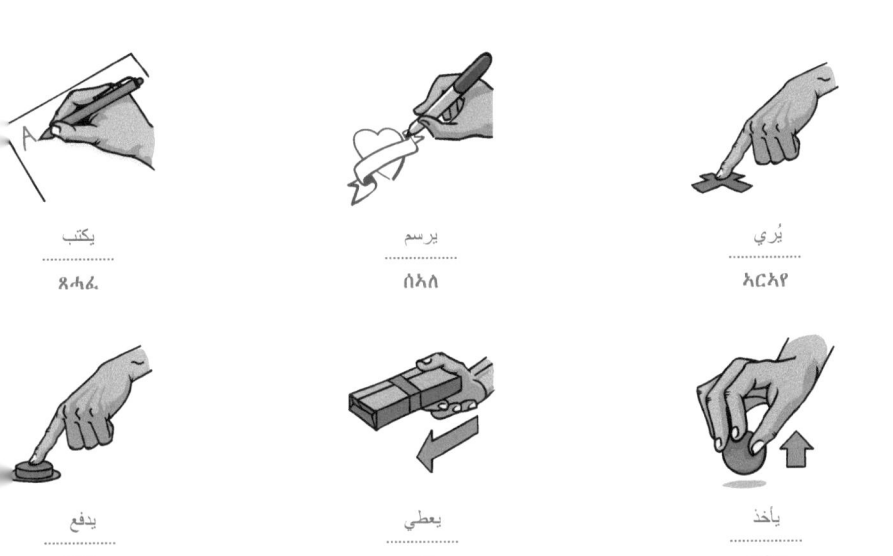

نشاطات

ንጥፈታት

يقفز
ነጠረ
يعانق
ሓቖፈ
يضحك
يمشي
ከደ
يغنّي
ደረፈ
يحلم
يصلّي
ጸለየ
يقبل
ሰዓመ

يكتب

ጸሓፈ

يرسم

ሰኣለ

يُري

ኣርኣየ

يدفع

ደፍአ

يعطي

ሃበ

يأخذ

ወሰደ

يملك

አለወ

يعمل

ገበረ

يوجد

ኮነ

يقف

ጠጠው በለ

يركض

ጎየየ

يسحب

ሰሓበ

يرمي

ሰንደወ

يقع

ወደቐ

يستلقي

ሓሰወ

ينتظر

ተጸበየ

يحمل

ሰከም

يجلس

ኮፍ በለ

يلبس

ተኸድነ

ينام

ደቀሰ

يستيقظ

ተስአ

ينظر إلى ..

....

ረኣየ

يبكي

....

በኸየ

يمسّد

....

ብኣጻብዑ ደረዘ

يمشّط

....

መሸጠ

يتكلم

....

ተዛረበ

يفهم

....

ተረድአ

يسأل

....

ሓተተ

يسمع

....

ሰምዐ

يشرب

....

ሰተየ

يأكل

....

በልዐ

يرتب

....

ኣቐመጠ

يحب

....

ኣፍቀረ

يطبخ

....

ከሸነ

يقود

....

ዘወረ

يطير

....

ነፈረ

يبحر بزورق شراعي

....

ብመርከብ ገየሸ

يحسب

....

ደመረ

يقرأ

....

ኣንበበ

يتعلم

....

ተመሃረ

يعمل

....

ሰርሐ

يتزوج

....

መርዓወ

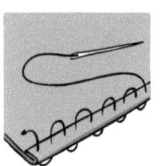

يخيط

....

ሰፈየ

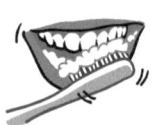

ينظف أسنانه

....

ጽሬት ኣስናን

يقتل

....

ቀተለ

يدخن

....

ሽጋራ ተከኸ

يرسل

....

ሰደደ

جدّة
جدّ
أب
أم
ኣደ
الطفل
ابنة
ጓል
ابن
ወዲ

ضيف

ጋሻ

عمّة / خالة

ሓትኖ

عمّ / خال

ኣኮ

أخ

ሓው

أخت

ሓፍቲ

الجسم

ኣካላት

الجبين
ግንባር
العين
ዓይኒ
الكتف
መንኩብ
الإصبع
ኣጻብዕ
الوجه
ገጽ
الذقن
መንከስ
اليد
ኢድ
الساق
ሸፋን እግሪ
الصدر
ኣፍ-ልቢ
الذراع
ምናት

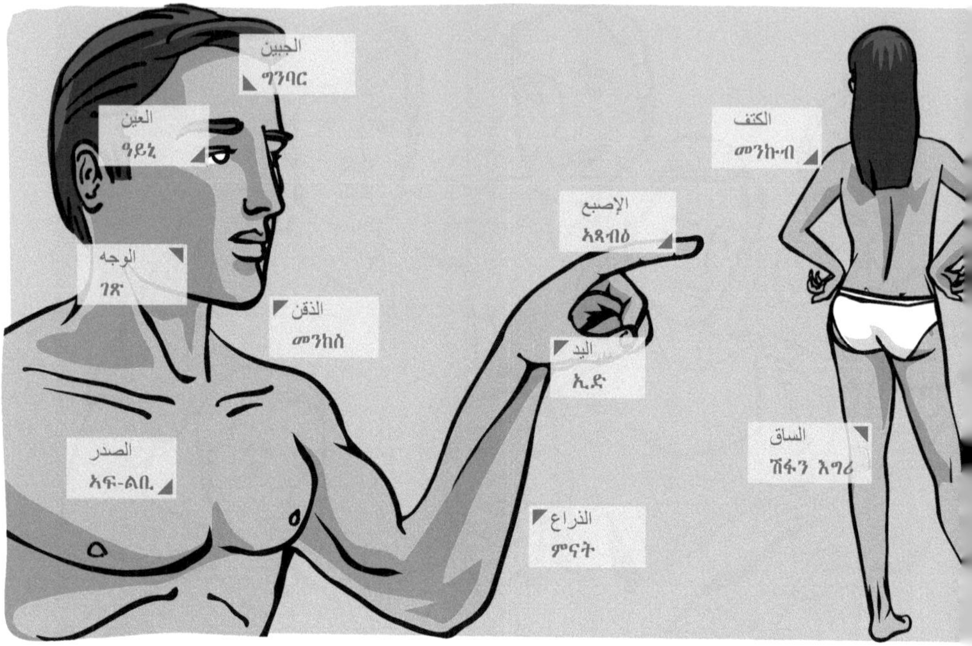

الطفل

ማማይ

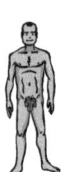

الرجل

ሰብኣይ

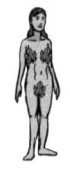

المرأة

ሰበይቲ

البنت

ጓል

الولد

ወዲ

الرأس

ርእሲ

الظهر

ሕቖ

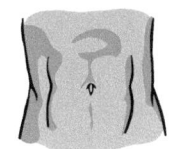

البطن

ከስዐ

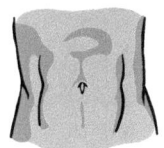

السرّة

ሕምብርቲ

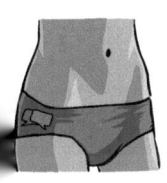

إصبع القدم

ኣጻብዕ እግሪ

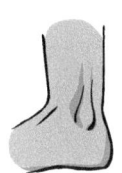

الكعب

ኩርኾረ

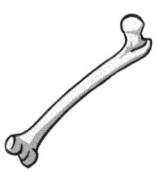

العظم

ዓጽሚ

الورك

ምሕኲልቲ

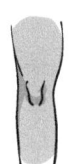

الركبة

ብርኪ

المِرفق

ፎግፎጐ

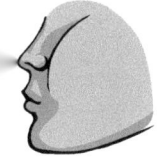

الأنف

ኣፍንጫ

العَجُز

መዓኮር

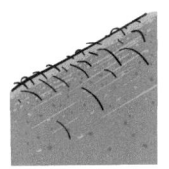

البشرة

ቆርበት

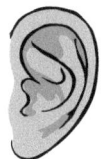

الخد

ምዕጉርቲ

الأذن

እዝኒ

الشفة

ከንፈር

الفم

ኣፍ

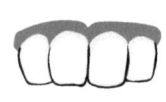

السن

ስኒ

اللسان

መልሓስ

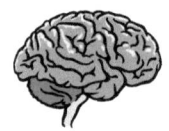

الدماغ

ሓንጎል

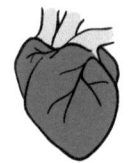

القلب

ልቢ

العضلة

ጭዋዳ

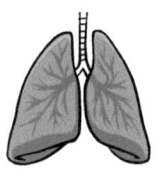

الرئة

ሳንቡእ

الكبد

ጸላም ከብዲ

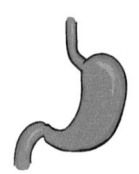

المعدة

ከብዲ

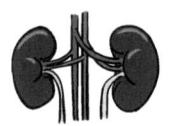

الكِلى

ኩሊት

الاتصال الجنسي

ግብረ ስጋ

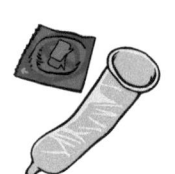

الواقي المطاطي

ኮንዶም

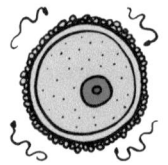

البويضة

እንቋቑሖ

المنيّ

ዘርኢ ተባዕታይ

الحمل

ጥንሲ

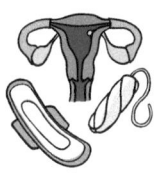

الحيض

....

ጽግያት

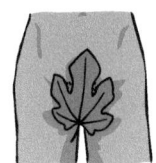

المهبل

....

ርሕሚ

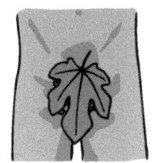

القضيب

....

መትሎ

الحاجب

....

ሸፋሽፍቲ

الشعر

....

ጸግሪ

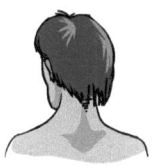

الرقبة

....

ክሳድ

المستشفى

ሆስፒታል

سيارة الإسعاف
መኪና ኣምቡላንስ
الكرسي المتحرك
መንበር ዓረብያ
كسر
ስባር

الطبيب
....
ሓኪም

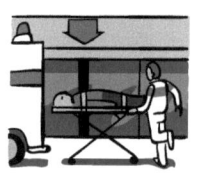

غرفة الإسعاف
....
ክፍሊ ህጹጽ ረድኤት

الممرضة
....
ኣላይት

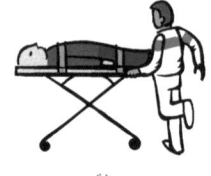

حالة
....
ህጹጽ ኩነት

مغمى عليه
....
ውንኡ ዘጥፍአ

الألم
....
ቃንዛ

إصابة

ጉድኣት

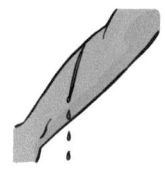

النزيف

ደም

احتشاء القلب

ማህረምቲ

جلطة

ማህረምቲ

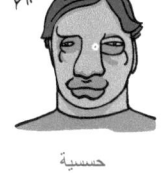

حسسية

ኣለርጂ

السعال

ሰዓል

الحُمّى

ረስኒ

إنفلونزا

ኡንፍልወንዛ

الإسهال

ውጽኣት

وجع الرأس

ቃንዛ ርእሲ

السرطان

መንሽሮ

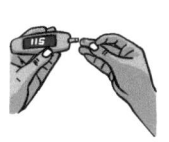

مرض السكر

ሹኮርያ

جرّاح

ሓኪም መጥባሕቲ

مبضع

መጥብሒ

عملية

መጥባሕቲ

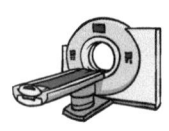

سيتي سكان

CT

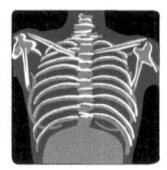

الأشعة السينية

ራጂ

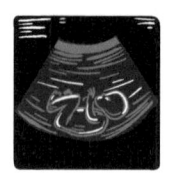

فوق الصوتي

ልዕለ ድምጻዊ

القناع

መሸፈኒ ገጽ

المرض

ሕማም

غرفة الانتظار

ክፍሊ ምጽባይ

العُكاز

ምርኩስ

شريط لاصق

መጀነኒ ቚስሊ

ضماد

መጀነኒ

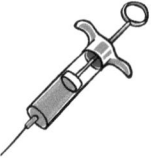

حقنة

መርፍዕ ምውጋእ

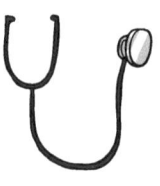

سمّاعة الطبيب

ስተቶስኮፕ

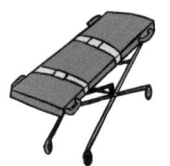

نقالة

መሰከሚ ሕማም

ميزان حرارة

ቴርሞመተር

ولادة

ትውልዲ

وزن زائد

ልዕለ-ሚዛን

جهاز السمع

ሓገዝ ምስማዕ

المواد المعقمة

ኣንጻሂ

عدوى

ልበዳ

فيروس

ቫይረስ

الإيدز

ኤድስ

الطب

ሕክምና

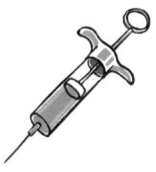

اللقاح

ክታበ

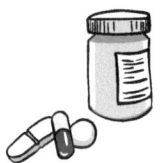

أقراص الدواء

ከኒና

حبّة الدواء

ከኒና

نداء النجدة

ህጹጽ ምድዋል

مقياس ضغط الدم

መዕቀኒ ጸቕጢ ደም

مريض / صحيح

ሕሙም / ጥዑይ

حالة

ህጹጽ ኩነት

النجدة!

ሓገዝ

إنذار

ኣላርም

اعتداء

ምህጃም

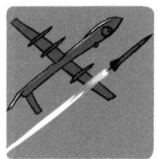

هجوم

መጥቃዕቲ

خطر

ድንገት

مخرج طوارئ

ህጹጽ መውጽኢ

حريق!

ሓዊ!

جهاز الإطفاء

መጥፍኢ ሓዊ

حادث

ሓደጋ

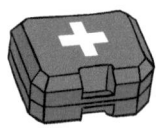

حقيبة الإسعاف الأولي

ሳንጣ ቀዳማይ ረድኤት

أنقذونا

SOS

الشرطة

ፖሊስ

أرض

ምድሪ

أمريكا الجنوبية

....

ደቡብ ኣመሪካ

أمريكا الشمالية

....

ሰሜን ኣመሪካ

أوروبا

....

ኤውሮጳ

أستراليا

....

ኣውስትራልያ

آسيا

....

ኤስያ

أفريقيا

....

ኣፍሪቃ

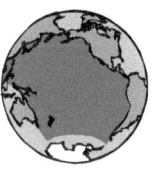

المحيط الهندي

....

ህንዳዊ ዉቅያኖስ

المحيط الهادي

....

ፓሲፊክ

المحيط الأطلسي

....

ኣትላንቲክ

القطب الشمالي

....

ሰሜናዊ ዋልታ

المحيط المتجمد الشمالي

....

ኣርክቲካዊ ዉቅያኖስ

المحيط المتجمد الجنوبي

....

ንታርቲካዊ ዉቅያኖስ

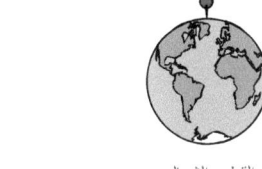

القطب الجنوبي

ደቡባዊ ዋልታ

منطقة القطب الجنوبي

ኣንታርቲካ

أرض

ምድሪ

بر

መሬት

بحر

ባሕሪ

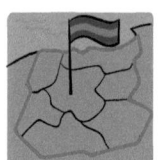

جزيرة

ደሴት

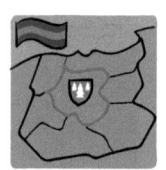

أمة

ሃገር

دولة

ዓዲ

ساعة

ሰዓት

ميناء الساعة

....

ገጽ ሰዓት

عقرب الساعات

....

ኣመልካቲ ሰዓታት

عقرب الدقائق

....

ኣመልካቲ ደቓይቕ

عقرب الثواني

....

ኣመልካቲ ካልኢት

كم الساعة الآن؟

....

ሰዓት ክንደይ ኣሎ?

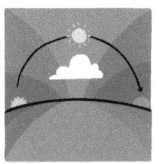

يوم

....

መዓልቲ

زمن

....

ግዜ

الآن

....

ሕጂ

ساعة رقمية

....

ዲጂታል ሰዓት

دقيقة

....

ደቒቕ

ساعة

....

ሰዓት

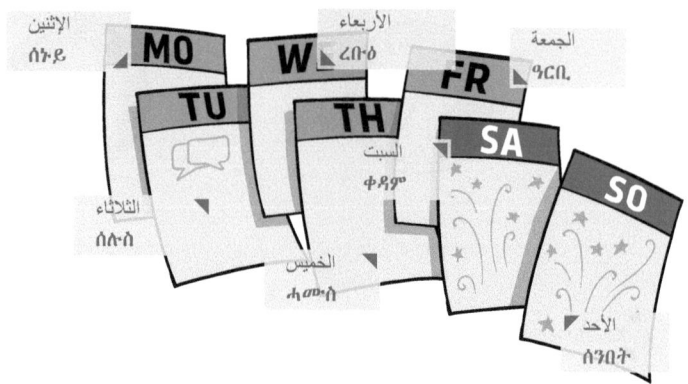

أسبوع

ሰሙን

الإثنين
ሰኑይ
الثلاثاء
ሰሉስ
الأربعاء
ረቡዕ
الخميس
ሓሙስ
الجمعة
ዓርቢ
السبت
ቀዳም
الأحد
ሰንበት

الأمس

ትማሊ

اليوم

ሎሚ

غداً

ጽባሕ

الصباح

ንጉሆ

الظهر

ቀትሪ

المساء

ምሸት

أيام العمل

መዓልታት ስራሕ

نهاية الأسبوع

መወዳእታ ሰሙን

مطر
ዝናብ
قوس قزح
ቀስተ-ደመና
ريح
ንፋስ
ثلج
الربيع
الصيف
ሓጋይ
الخريف
ቀውዒ
الشتاء
ክረምቲ

4.APRIL 11°
5.APRIL 4°
6.APRIL 13°
7.APRIL 8°
8.APRIL 10°

التنبّؤ بالحالة الجوية

ንቢት ኩነታት ኣየር

0
10
0
-10

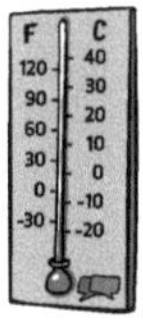

مقياس حرارة

ቴርሞመተር

ضوء الشمس

ብርሃን ጸሓይ

سحابة

ደበና

ضباب

ግመ

رطوبة الجو

ጠሊ

برق

ብርቒ

رعد

ነጐዳ

عاصفة

ህቦብላ

بَرَد

በረድ

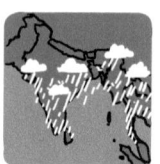

ريح موسمية

ብርቱዕ ህቦብላ

طوفان

ውሕጅ

جليد

በረድ

كانون الثاني / يناير

ጥሪ

شباط / فبراير

ለካቲት

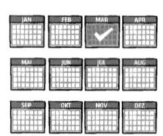

آذار / مارس

መጋቢት

نيسان / أبريل

ሚያዝያ

أيار / مايو

ጉንበት

حزيران / يونيو

ሰነ

تموز / يوليو

ሓምለ

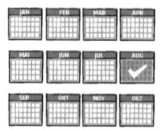

آب / أغسطس

ነሓሰ

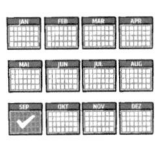

أيلول / سبتمبر

መስከረም

تشرين الأول / أكتوبر

ጥቅምቲ

تشرين الثاني / نوفمبر

ሕዳር

كانون الأول / ديسمبر

ታሕሳስ

أشكال

ቅርጽታት

دائرة

ዙርያ

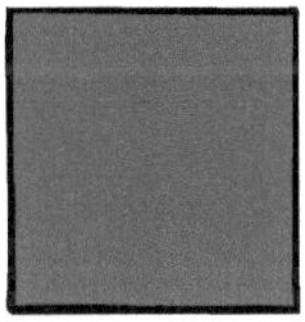

مربّع

ትርብዒት

مستطيل

ቅኑዕ ርቡዕ ኵርናዕ

مثلّث

ሰሉስ ኩርናዕ

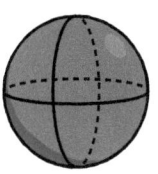

كرة

ክቢ

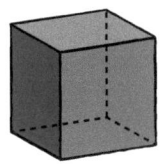

مكعب

ኩቦ

ألوان

ሕብርታት

أبيض

ጻዕዳ

أصفر

ብጫ

برتقالي

ኣራንሺ

وردي

ፒንክ

أحمر

ቀይሕ

بنفسجي

ጁኽ

أزرق

ሰማያዊ

أخضر

ቀጠልያ

بنّي

ቡናዊ

رمادي

ሓሙኽሽታይ

أسود

ጸሊም

الأضداد

አንጻራት

كثير / قليل

ብዙሕ / ውሑድ

غضبان / هادئ

ሕሩቕ / ሰላማዊ

جميل / قبيح

ጽቡቕ / ክፉእ

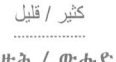

بداية / نهاية

ጅመርያ / መወዳእታ

كبير / صغير

ዓቢ / ንእሽቶ

فاتح / قاتم

ብሩህ / ጸልማት

أخ / أخت

ሓው / ሓፍት

نظيف / وسخ

ጽሩይ / ርሳሕ

كامل / ناقص

ምሉእ / ዘይምሉእ

نهار / ليل

መዓልቲ / ለይቲ

ميّت / حيّ

ሙዉት / ህልው

عريض / ضيّق

ሰፊሕ / ጸቢብ

صالح للأكل / غير صالح

ደስ ዘበል / ደስ ዘይብል

شرّير / لطيف

እኩይ / ህያዋይ

مثير / ممل

ርቡጽ / ስልኩይ

سمين / نحيف

ረጊድ / ቀጢን

أولاً / أخيراً

ቀዳማይ / ናይ መወዳእታ

صديق / عدو

ዓርኪ / ጸላኢ

مليء / فارغ

ምሉእ / ባዶ

صلب / ليّن

ተሪር / ልስሉስ

ثقيل / خفيف

ከቢድ / ፈኩስ

جوع / عطش

ጥምየት / ጽምየት

مريض / صحيح

ሕሙም / ጥዑይ

غير شرعي / شرعي

ዘይሕጋዊ / ሕጋዊ

ذكي / غبي

መስተውዓሊ / ስዲ

يسار / يمين

ጸጋም / የማን

قريب / بعيد

ቐረባ / ርሑቕ

جديد / مستعمل

ሓዲሽ / ብሉይ

لا شيء / بعض الشيء

ዋላ ሓደ / ገለ

مسن / شاب

ዓቢ/ኣረጊት / መንእሰይ

يشعل / يطفئ

ወልዕ / ኣጥፍእ

مفتوح / مغلق

ክፉት / ዕጹው

خافت / عالٍ

ህዱእ / ዓው

غني / فقير

ሃብታም / ድኻ

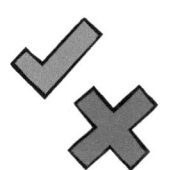

صح / خطأ

ቅኑዕ / ግጉይ

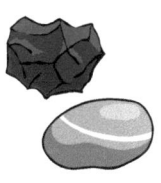

أحرش / املس

ሓርፋፍ / ልሙጽ

حزين / سعيد

ጉሁይ / ሕጉስ

قصير / طويل

ሓጺር / ነዊሕ

بطيء / سريع

ቀስ / ቅልጡፍ

مبلول / جاف

ጥሉል / ንቑጽ

ساخن / بارد

ምዉቕ / ዝሑል

حرب / سلم

ውግእ / ሰላም

0

صفر

ዜሮ

1

واحد

ሓደ

2

اثنان

ክልተ

3

ثلاثة

ሰለስተ

4

أربعة

ኣርባዕተ

5

خمسة

ሓሙሽተ

6

ستة

ሽዱሽተ

7

سبعة

ሸውዓተ

8

ثمانية

ሸሞንተ

9

تسعة

ትሽዓተ

10

عشرة

ዓሰርተ

11

أحد عشر

ዓሰርተ ሓደ

12

اثنا عشر

ዓሰርተ ክልተ

13

ثلاثة عشر

ዓሰርተ ሰለስተ

14

أربعة عشر

ዓሰርተ ኣርባዕተ

15

خمسة عشر

ዓሰርተ ሓሙሽተ

16

ستة عشر

ዓሰርተ ሽዱሽተ

17

سبعة عشر

ዓሰርተ ሸውዓተ

18

ثمانية عشر

ዓሰርተ ሸሞንተ

19

تسعة عشر

ዓሰርተ ትሽዓተ

20

عشرون

ዕስራ

100

مائة

ሚእቲ

1.000

ألف

ሽሕ

1.000.000

مليون

ሚልዮን

اللغات

ቋንቋታት

الإنكليزية

እንግሊዝኛ

الإنكليزية الأمريكية

ኣመሪካዊ እንግሊዛዊ

لغة ماندارين الصينية

ቻይናዊ ማንዳሪን

الهندية

ሂንዳዊ

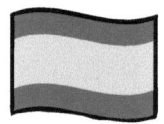

الإسبانية

እስጳኛዊ

الفرنسية

ፈረንሳዊ

العربية

ዓረባዊ

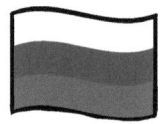

الروسية

ሩሲያዊ

البرتغالية

ፖርቱጋላዊ

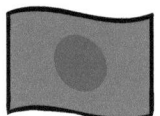

البنغالية

በንጋሊ

الألمانية

ጀርመናዊ

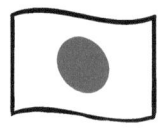

اليابانية

ጃፓናዊ

من / ماذا / كيف
መን / እንታይ / ከመይ

أنا

ኣነ

أنت

ንስኻ/ኺ

هو / هي

ንሱ / ንሳ / ንሱ

نحن

ንሕና

أنتم

ንስኻ

هم

ንሳቶም

من؟

መን?

ماذا؟

እንታይ?

كيف؟

ከመይ?

أين؟

ኣበይ?

متى؟

መዓስ?

اسم

ሽም

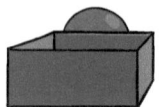

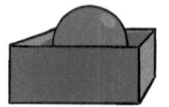

أين
ኣበይ

أمام

ኣብ ቅድሚ

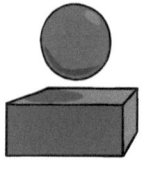

في

ኣብ

خلف

ድሕሪ

تحت

ትሕቲ ምድሪ

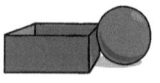

على

ኣብ ልዕሊ

فوق

ኣብ ላዕሊ

مكان

ቦታ

بين

ኣብ መንጎ

جنب

ኣብ ጥቓ